AF230192

PROPOSITIONS

A ADOPTER D'URGENCE

COMME ÉTANT

SOUVERAINEMENT JUSTES

ET COMME DEVANT ASSURER

LE SALUT DE LA RÉPUBLIQUE

PAR

R. HUBERT

—⁓⋆⁓—

PARIS

CHEZ L'AUTEUR, 203, RUE DU TEMPLE

ET CHEZ LES PRINCIPAUX LIBRAIRES

—

Décembre 1870

Paris. — IMP. NOUVELLE (Assoc. ouvrière), 14, rue des Jeuneurs.
G. Masquin et Ce.

AVANT-PROPOS

Citoyens,

Un second Gagne qui vous arrive et qui veut vous parler! Hélas, que voulez-vous? lorsque par le temps qui court, les meilleures têtes sont qui tournent à la folie comme celles, par exemple, qui imaginent d'envoyer demander à des monarchies aide ou protection pour une république que malmène une autre monarchie; comment aurait-il pu se faire que ma pauvre tête, à moi, vieillie et affaiblie, ne tournât pas aussi à cette commune folie? Convenu donc qu'il m'est advenu comme à beaucoup d'autres et convenu encore, n'est-ce pas, citoyens? que comme volontiers vous laissez parler le premier Gagne, volontiers aussi vous laisserez parler le second.

Je viens donc vous dire que je crois avoir là, devant moi, la majeure partie, si ce n'est la totalité du peuple qui, forcément, se met à réfléchir et qui se demande ce que, quand il aura répandu le plus généreux de son sang pour arriver à chasser le Prussien et quand le Prussien aura été définitivement chassé ou détruit, ce que lui, le peuple, aura gagné à faire encore et toujours du dévouement; si ce n'est pas qu'il aura encore et toujours à traîner sa misère, cette misère qui de plus en plus s'est étendue sur lui et l'a envahi comme une lèpre.

Il se demande cela, et en effet, où sont, d'une part, les positives et sérieuses réformes que les doctrinaires de la démocratie aient proposées à son profit, et où sont, d'autre part, les apparences mêmes de réformes que les doctrinaires de l'aristocratie, de la ploutocratie, veux-je dire, se soient montrés disposés, ne serait-ce que par prudence, à admettre? Non! non! rien n'apparaît qui doive modifier en quoi que ce soit les conditions sinon politiques, du moins économiques d'avant le 4 septembre; cela arrive à être de conviction profonde chez le peuple et le peuple courra comme en 92, au secours de la patrie en danger! Oh! qu'on ne se le promette pas! non! Le mobile a cet effet, il l'avait largement en 92 et il lui fait complétement défaut aujourd'hui. Ce fut en 92 toute distinction de race et, par suite, tous priviléges de castes abolis; ce fut la personnalité civile du roturier agrandie, et sa personnalité civique ou politique conquise. En 70, qu'est-ce qu'il y aura eu, préalablement, d'avantages sociaux obtenus par le peuple et qui vaillent pour le pousser à l'ennemi? Ses souffrances étaient devenues relativement plus grandes qu'avant la première révolution. Il s'agitait vainement dans des coalitions que redoutait et que réprimait le pouvoir, quand, tout à coup, la France s'est trouvée débarrassée, c'est vrai, de cet ignominieux pouvoir, mais ayant une guerre désastreuse suscitée par lui; mais ayant de pauvres armées mi-partie écrasées par l'ennemi, et mi-partie à lui livrées; ayant ses places-frontières ou prises par l'ennemi ou à lui livrées; ayant enfin le Prussien venu là, en masse, sous Paris, prêt à l'affamer, ou à le bombarder. Et voilà qu'on vient dire tout simplement au peuple « Sus à l'ennemi! » Sus d'abord aux nouveaux et écrasants priviléges, s'il vous plaît, messieurs du Gouvernement de la défense

nationale, puis, s'il en est temps encore, vous crie-
rez « Sus à l'ennemi. »

Oh! au lieu de quantité de Gagne parmi lesquels
moi, ne se trouvera-t-il donc pas un autre Sieyès
qui prendra garde à cela, qu'au lieu de la noblesse
et du clergé qui ont presque disparu de la carrière
politique; qu'au lieu du Tiers-État qui s'y était
élevé et qui a presque disparu aussi, c'est la ploutocratie qui est venue brocher sur les ci-dessus choses sociales et les dominer ou remplacer, ayant à
grouiller autour et au-dessous d'elle, aux lieu et
place du servage qui lui-même avait remplacé l'esclavage, à grouiller comme issu des détritus du
Tiers-État, une monstruosité nouvelle, le prolétariat. Le prolétariat, ce que c'est, si, aussitôt qu'aperçu
il se le demande, aussitôt jugé qu'aperçu, il se ré-
pondra de suite : c'est dans la vie économique d'une
nation le nombre, le nombre qui travaille manuelle-
ment et durement; qui fait arriver le pain sous la
dent et le vêtement sur le dos du riche; qui fait se
dresser la maison somptueuse où s'abrite, où se pré-
lasse la famille du riche, tandis que lui le nombre,
c'est presque sans pain, sans vêtement, sans abri
qu'on le tient. — Mais où est l'à-propos d'un nouveau Sieyès et de ces nouvelles réflexions, puisque
depuis 18 à 22 ans, c'est le nombre qui est devenu
Souverain et qui, comme Souverain, décide de tout.
— Ironie sanglante! Comme si sans instruction, il
était possible au nombre de discerner. Or l'instruction c'est toujours ce qui se vend, ce qu'il ne peut,
par conséquent, acquérir, lui le nombre, sans le sou
qu'il est comme il est sans autre chose. Il ne peut
donc discerner, et ce sont ses adversaires ou ses ennemis eux-mêmes, économiquement parlant, que politiquement, on lui fait choisir. Ils le gouvernent,
l'administrent, le jugent, le militarisent de manière

à le faire agir comme à Aubin et à la Ricamarie. Pauvre nombre! ta souveraineté m'en rappelle une autre qui fut, elle aussi, en son temps baffouée, la souveraineté du Christ, du roi des Juifs.

Allons! nombre, tes dispositions vraies, en ce moment suprême, il importe de les bien connaître, quelles elles sont, dis-le-nous! Une grande prostration d'esprit, de cœur et de corps t'a saisi, te tient, n'est-ce pas? Cette terre de France t'est devenue tellement marâtre! Mais tu ne peux pas t'habituer à l'idée qu'après qu'un grand cataclysme l'aura frappée, tu te résoudras à la quitter comme l'Allemand et l'Irlandais quittent chacun la terre qui l'a vu naître en transportant ses pénates dans cette lointaine Amérique. Puis, comment t'habituer encore à l'idée que l'étranger, après l'avoir vaincue, foulée aux pieds, dilapidée cette terre de France, il la déchirera en lambeaux et la jettera impunément d'ici et de là, au gré des convoitises ou des haines monarchiennes. Puis encore, est-ce que les mots Jemmapes, Valmy, Rhin et Moselle, Sambre-et-Meuse, etc., nont pas conservé un aspect fulgurant dans ta mémoire? Et tu rêves toujours, n'est-ce pas, d'émancipation des peuples, de liberté universelle? Eh bien! alors, aux armes, oui! Sus à l'ennemi, sus au Prussien!

Oh quelle confusion, quel désordre d'idées! oui, je suis bien fou! Tout à l'heure je disais que le peuple, sans mobile ou excitant qu'il est, ne marchera pas à l'ennemi, et maintenant, voilà que moi-même, lui en découvrant de saints, de sublimes, je l'excite à marcher!

Oh c'est que depuis deux mois à peine que la République a été acclamée, voilà tant et tant de péripéties qui se sont succédé déjà, qui se sont amoncelées, plutôt contraires que favorables à cette troisième et chérissime République que j'en éprouve des angoisses mortelles, que j'en perds la raison ! Cette réaction qui ose déjà se manifester ; ce légitimisme, cet orléanisme, ce bonapartisme même, oui ! ce bonapartisme, lui, n'est pas tombé assez profondément, il paraît, dans la boue, pour s'y être asphyxié et il essaye d'en sortir ; il y râle, mais il essaye, ô douleur ! ô agonie du patriotisme, ô honte de la France !

Le bonapartisme infâme jusque-là, comprendra-t-on jamais cela ! jusque-là, comme suit, faire :

Après un désastre de Sédan, ce désastre mis au ban de l'universelle réprobation, il s'en est présenté un autre et plus inouï encore à subir pour la France, celui de Metz. Un être à face humaine s'est trouvé là qui lui, sans intérêt immédiat, sans titre, veux-je dire, de plus ou moins bâtard prince à l'influencer, mais en haine de la République, a amené, sans remords comme un Troppmann, sa patrie dans les terres sombres, sanglantes, assassines d'un nouveau Pantin !

Je suis fou ! oui, je suis fou ! fou comme le fils qui va perdre sa mère. J'ai des pleurs qui m'aveuglent, des sanglots qui me suffoquent. Oh ! que je souffre !

Des souffrances, des sanglots, des pleurs, qu'est-ce donc que cela ? De mes souffrances, de mes sanglots, que j'en revienne ! Mes pleurs, que je les sèche ! La France perdue, eh comment donc ? Parce que deux ou trois fléaux de ci-devant appelés prince bonapartistes, orléanistes ou légitimistes seraient là ourdissant leurs complots dynastiques et ne nous ménageant rien moins que la plus sanglante des guerres civiles ; à supposer qu'ils voulussent, comme il y a vingt ans, s'entendre encore et, ensemble, égorger encore la République, où trouveraient-ils ce prestige, ce fanatisme d'un nom qui, seul, les a à ce moment-là servi?

Paysans et ouvriers comprennent parfaitement à présent que, si qualité il y a parfois chez des individus, ces qualités-là, la nature ne les transmet jamais tout bêtement comme le fait, à propos de fortune et de nom, la loi civile; qu'on peut parfaitement bien se faire appeler Napoléon et n'être pourtant rien moins, non! rien moins que dépourvu de la moindre raison, que crétin. Qu'ils y viennent, les Bonaparte, les d'Orléans, les Chambord, doublés de leurs quelques complices, doublés même d'un roi ou empereur de Prusse, et ce nous sera affaire, tout au plus, d'un coup de mitrailleuse. Et, par impossible, le faudrait-il; communes de Paris, de Lyon, de Marseille, de Bordeaux, de Toulon, de Nantes, etc., est-ce que vous ne serez pas là, surgies du plus profond des entrailles du peuple, du prolétaire, du nombre et saisissant et emportant toutes ces scories sociales comme dans une vertigineuse tempête?

O citoyens! vous voyez bien, au tohu-bohu de mes élucubrations, que, comme je vous l'ai dit à satiété, je suis fou; mais après m'avoir laissé vous parler ici, prenez mon opuscule et lisez-le pour achever votre condescendance. Que si, après l'avoir lu, vous n'approuvez pas les moyens de salut public par moi proposés, souhaitant à d'autres propositions meilleure chance, je ne m'en tiendrai pas moins à vous serrer fraternellement la main.

HUBERT.

SOMMAIRES

Première Proposition

Rente des capitaux terre, maisons, usines, machines et argent,
à non pas nullifier pendant plus ou moins de temps, comme
l'est déjà depuis trois ou quatre mois la rente du capital bras,
mais à faire verser, savoir : celle des terres et des créances
publiques aux mains de l'Etat, et celle des maisons, usines,
machines, créances communales ou privées, etc., aux mains des
communes, pour l'Etat et les communes, en faire la répartition
pendant tout le temps de la crise révolutionnaire, savoir : l'Etat
à tous les membres de la grande famille française, et les communes à, chacune, tous ses membres, répartitions faites ici et
là, sans distinction ni de sexe, ni d'âge, ni de position sociale,
par tête enfin.

Deuxième Proposition

Aussitôt la crise révolutionnaire arrivée à son terme, revendication faire du sol national au titre de sa force vive ou de sa productivité qui appartient à tout le monde et n'aurait jamais dû
être aliénée; au titre encore de premier et principal instrument
de travail. — Expropriation pour cause d'utilité publique et
moyennant indemnité. — Possession indivise. — Location au
nom et pour le compte de tous. — Versement trimestriel des
fermages aux mains de l'Etat, qui aura à en répartir immédiatement le montant à tous les membres de la grande famille
française, sans distinction ni de sexe, ni d'âge, ni de position
sociale, par tête enfin.

Troisième Proposition

Pour servir les intérêts annuels de la dette publique et les dépenses annuelles de l'Etat, contribution à prélever sur les
revenus soit du travail national, soit des capitaux maisons,
usines, fabriques, machines, créances publiques ou privées et
argent utilisé, et cette contribution à prélever d'une manière
progressive, c'est-à-dire qui n'affecte les plus petits revenus
que de $1/20^c$ de leur montant, par exemple, et qui affecte les
autres rentes de 1/4, 1/2, 3/4, 4/5, selon que leur exorbitance
s'en ira de plus en plus grande.

Quatrième proposition

Confiscation des biens, meubles et immeubles des fauteurs de
nos révolutions séculaires, les Bonaparte, les d'Orléans, le
Chambord, et de leurs principaux complices. — Confiscation,
aussitôt que faire se pourra, des biens meubles et immeubles
des fauteurs de la guerre actuelle, le Guillaume de Prusse et
de ses principaux complices, son fils, son frère, son neveu, son
Bismarck, son de Moltke, son de Roon, etc.

Ciuquième proposition

Apprèhension au corps et déportation immédiate, ou aussitôt que
possible, des Bonaparte, des d'Orléans, du Chambord et de
leurs principaux complices; du Guillaume de Prusse et de ses
principaux complices.

Sixième Proposition

Contribution de guerre à faire payer, savoir : deux milliards à la
Prusse elle-même, et deux milliards à l'ensemble des autres
puissances coalisées, sauf le duché de Posen. — Livraison par
la Prusse et les autres puissances, ses alliées volontaires, livraison de tout leur matériel de guerre.

Septième proposition

Démembrement de la Prusse au profit du Hanovre, du Danemark, de la Holllande, et, peut-être, du nôtre.

Huitième Proposition

Les fonds provenant, soit de la vente des meubles et immeubles
confisqués en France, en Allemagne ou autre part, soit des
contributions de guerre frappées sur la Prusse et les puissances
ses coalisées, en faire une répartition aux familles des contrées
envahies qui, les plus pauvres déjà jusqu'alors, auront eu l'un
de leurs deux chefs, ou leurs deux chefs victimés , tués, perdus
du fait de la guerre actuelle.

PROPOSITIONS

Et nous aussi, nous nous décidons à venir jeter notre air dans la mêlée des idées qui ont surgi ou qui surgissent ayant toutes pour unique but de sauver la République, non pas seulement du danger qui la menace à l'extérieur par le Prussien, mais de celui aussi qui la menace à l'intérieur par la réaction, la réaction pouvant se produire à la suite d'une immense misère, et l'immense misère pouvant se produire, elle, à la suite d'une presque inaction gouvernementale.

Si, maintenant que voilà la France naviguant mieux que jamais en pleine révolution, nous avions aperçu à la barre du gouvernail des timoniers assez expérimentés pour pouvoir éviter tant et tant d'écueils qui vont se rencontrer sur leur route, nous nous serions tenu muet passager, prêtant l'oreille et ouvrant l'œil seulement; mais est-il possible qu'il en soit ainsi quand c'est à peine si le navire s'est avancé et que, déjà, il a fortement talonné.

Qu'on en juge avec nous !

C'est, quittant ici le sens figuré, c'est à propos des loyers, question brûlante et toute d'actualité.

Voici quelles ont été, à ce sujet, les opinions ou idées essentielles émises par les journalistes, c'est-à-dire des citoyens se proposant en conscience de guider et mener à bien l'opinion publique. Voici quel a été le décret rendu par le gouvernement de la Défense nationale.

Le *Réveil*, lui le premier, soulevant la question il y

a une vingtaine de jours, a proposé par la plume d'un de ses rédacteurs la mesure plus qu'anodine « de renvoyer lé payement du terme d'octobre, pour ce qui est des petits loyers, au terme de janvier prochain. »

Comment ! ai-je écrit de suite à un journal que j'ai cru pourvu de plus positives idées à ce sujet, comment ! ai-je écrit au *Combat*, voilà, depuis que la guerre est commencée, voilà que toute confiance a disparu, que les transactions se sont arrêtées, que les usines, fabriques et ateliers se sont fermés ; que les grand et mo yen commerces ont leurs capitaux engagés dans de nombreux et périclitants crédits ; que les grand, moyen et petit commerces succombent sous le poids de leurs frais généraux, et surtout et surtout, voilà que l'ouvrier, lui, n'a plus ses bras occupés, voilà que son unique capital chôme.

Et c'est quand le commerce en est réduit à cet état de détresse, quand l'ouvrier n'a plus un malheureux sou à toucher de ce salaire qui était la rente de son unique capital, le capital-bras ; c'est quand la faim, la hideuse et mauvaise conseillère faim, va venir s'asseoir au foyer désolé, qu'un collaborateur quelconque de notre patriote, mais surpris Delescluze, s'avise de proposer comme suffisant remède à la misère universelle la prorogation dite ci-dessus.

C'est-à-dire donc que toi surtout, ouvrier, tu vas te tenir à vivre comme tu pourras avec les tiens d'ici janvier prochain ; que tu vas donner ton sang, ta vie, peut-être, pour sauvegarder ce qui est plus encore pour tous autres que pour toi la Patrie, et, pour te payer de ton abnégation, de ton dévouement à la chose publique, on va renvoyer à trois mois d'ici le payement que, faute de la mesure proposée, tu vas avoir à effectuer prochainement de ton terme de loyer. Quelle sanglante ironie, et ironie insérée dans un journal qui porte en tête et précédant ce mot qui sonne déjà si bien, le *Réveil*, qui porte Liberté, Égalité, Fraternité, l'immortelle divise qui a électrisé nos pères.

Un autre journal, nous ne savons plus lequel, va s'en rapportant à ce que les tribunaux civils décideront, de par l'article du code, au cas de contestations entre locataire et propriétaire. Comme il sera facile à ces tribunaux de décider en connaissance de cause, quand cent ou cent cinquante mille contestations se présenteront pour être vidées toutes à la fois !

Le *Combat* venant ensuite, a dit : « Et que nous importe ces difficultés de locataire à propriétaire ! Si le locataire ne peut payer son terme et que le propriétaire veuille, soit faire vendre les meubles, soit faire expulser, où son huissier et lui trouveront-ils un caporal et quatre gardes nationaux pour venir les appuyer dans l'exécution de l'une ou l'autre mesure. » Sans doute que pas un caporal ni pas un garde ne se trouveront, mais après la crise, si d'ici là vous ne décrétez rien, le propriétaire et le locataire se retrouveront en face, et le propriétaire, avec son droit resté là, saisira les meubles et se payera.

Le gouvernement de la Défense nationale incapable d'idées par lui-même, mais brochant sur tout ce que ci-dessus proposé, est venu décréter « que pour ceux-là des locataires qui déclareront ne pouvoir payer leur terme de loyer échéant en octobre, ce terme sera remis à être payé en janvier prochain. » Même expédient, on le voit, que celui proposé par le *Réveil*. Mais, petits comme grands locataires, que si vous ne pouvez pas payer votre terme de loyer échéant en octobre, où donc serez-vous plus à même d'en payer deux en janvier prochain ! Le Prussien sera bien certainement, sinon exterminé sous Paris, du moins bel et bien chassé du territoire d'ici à ce moment-là ; mais est-ce que ce sera tout ce à quoi auront eu à aboutir nos efforts ? Est-ce que nous n'aurons pas tout à réorganiser dans l'administration, dans le gouvernement, dans la marche générale des affaires, de manière à poser la République tout à l'inverse de ce que comme était posé l'empire. Brusquer des intérêts qui ont été presque tous malsainement amenés, on y passera, si nous ne nous trompons, plus d'une demi-année. Les affaires, pendant ce laps de temps, ne reprendront pas et vous voulez, gouvernement de la Défense nationale, qu'en janvier prochain, grand, moyen et petit commerces, industriels de toute sorte et surtout ouvriers, trouvent avec quoi payer deux termes !

« Mais, vient dire après la promulgation du décret, le journal le *Droit*, mais que si le locataire a donné ou reçu congé, quand il s'agira pour lui de déménager, est-ce que le propriétaire pourra retenir les meubles comme garantie du futur payement? » Question, celle-là, qui vient bien à sa place.

L'*Électeur libre*, journal rédigé sous les auspices et d'après les inspirations du citoyen Ernest Picard, notre ministre des finances, l'*Électeur libre* est venu dire, lui « que la question des loyers a surgi tout à coup faisant à ses rédacteurs, pour ce qui est de la particularité des baux, l'effet comme d'une tuile qui leur serait tombée sur la tête.

« La question des loyers, continue ce journal, est pendante et nous sommes convaincus que le Gouvernement saura la résoudre selon les règles de la plus stricte équité. Mais, en attendant, n'y a-t-il pas lieu de prendre garde à la particularité grave des baux, afin qu'il ne soit pas oublié d'en tenir compte. Les événements ont bouleversé toutes les positions commerciales et réduit à rien pour longtemps toutes les spéculations. Qu'au 1er janvier prochain tous les baux soient résiliés de plein droit. Propriétaires et locataires se trouveront ainsi remis en présence, discutant à nouveau de leurs intérêts, et s'arrêtant librement à ce qui leur conviendra le mieux. »

Prenant plus particulièrement à partie ce dernier journal, parce que ses idées sont à supposer être celles de notre ministre des finances, disons : Et ils seront bien avancés vos locataires particuliers quand vous aurez fait décréter la résiliation de leurs baux à partir de janvier prochain. La plupart sont avec, chacun, un fonds de commerce plus ou moins valable qu'ils ne voudront point se décider à sacrifier, et leur propriétaire, à chacun, qui le saura pertinemment, obstinément, leur refusera la moindre allégeance. Ceci étant de la dernière évidence, force nous est donc ici de faire remarquer au public à quel point l'intellect de notre ministre des finances est obtus, ou à quel point, en fait de questions économiques, son ignorance, pardon de l'expression, est crasse.

Et revenant à la question pour l'étudier, l'élucider si possible, et la résoudre par elle-même, nous disons :

Le loyer, qu'est-ce ? C'est la rente que prélève annuellement le capital maisons, usines et machines, comme le fermage est la rente que prélève annuellement le capital terres, comme l'intérêt est la rente que prélève annuellement l'argent. La raison d'être de ces diverses rentes, où la place-t-on ? Dans le service que rendent les capitaux auxquels elles sont afférentes. Mais qui est-ce qui justifie la raison d'être des capitaux terres, maisons, usines, machines, argent, etc. ? A ce moment-là des questions, le dernier venu des socialistes appelé à répondre et se contentant, pour le quart d'heure, de la définition qu'en ont donné les économistes les plus classiques chaque fois qu'ils ont été amenés à en justifier, de leur moins mauvaise manière, la légitimité des capitaux répondra-t-il haut, afin d'être bien compris de tous les Picard, c'est du travail accumulé, ou si l'on veut, c'est la rémunération d'un travail quelconque, c'est du salaire économisé, mis de côté, accumulé, puis placé, et qui ne se maintient debout, ajoutera-t-il de son fait, que parce que, appuyé par un nouveau, journalier et incessant travail : la terre ne vaut mi-partie que parce que le travail l'amène ou la soutient à un degré voulu de fertilité ; les maisons, usines et machines ne valent que parce que le travail les répare à tout instant ou les renouvelle ; l'argent ne vaut que parce que le travail l'emprunte et l'utilise.

Le travail donc, source ou sanction, ou légitimation de tout capital !

Et quelle est la manifestation la plus habituelle, la plus utile et, conséquemment, la plus sacrée du travail ? Elle est manuelle.

Votre travail donc, ouvriers des champs, journaliers, ouvriers des villes, usiniers, manœuvres, prolétaires tous, tous courbés de jour et de nuit sous son poids accablant, votre travail c'est le plus sacré, c'est le plus saint de tous : Salut au vôtre ! au vôtre seul, salut !

Oui, au vôtre seul, salut ! à la justification, à la légitimation la seule vraie de tous les capitaux ; à ce qui en est la source, à ce qui en est le père, à votre capital à vous, ouvriers, au capital-bras, salut !

Eh bien ! étant donnée la plus vraie de toutes les légitimités de capital, celle du capital-bras et rappelant ici la réponse que le 22 novembre de l'année dernière nous avons faite, dans le journal la *Réforme*, à cette question qui avait été posée : *Que faire au lendemain d'une révolution ?* Voici ce que nous disions :

« Au lendemain d'une révolution qu'arrive-t-il habituellement ? Il arrive que la confiance disparaît ; que chacun restreint ses dépenses, ménage ses ressources dans la crainte de l'inconnu. Dès lors, plus de commerce, plus d'industrie, plus de travail nulle part. Plus de travail ! mais le travail, c'est l'unique capital dont jouissent trente-cinq millions d'habitants sur trente-huit en France ! Si ce capital demeure sans produit pendant plus ou moins de temps, pourquoi donc les capitaux terres, maisons, usines, machines et argent continueraient-ils de produire aux mains de leurs propriétaires? Pourquoi le Gouvernement issu de la révolution, ne décréterait-il pas que ces capitaux auront, eux aussi, à demeurer jusqu'à nouvel ordre, non pas sans produit, — il n'y aurait là qu'une moitié de justice sociale appliquée, mais à ne produire : les capitaux terre et argent qu'aux mains de l'État, et les capitaux maisons, usines, machines qu'aux mains des communes.

« Les capitaux terre, maisons, usines, machines et argent ne produisant plus momentanément aux mains de leurs propriétaires, resterait toujours leur valeur intrinsèque sur laquelle chaque propriétaire pourrait emprunter avec quoi se procurer toutes choses nécessaires à la nourriture, au logement et à l'entretien ; mais les trente-cinq millions d'habitants n'ayant pour tout capital que leur travail, et le travail ne donnant plus, où trouveraient-ils à emprunter avec quoi se procurer toutes choses nécessaires aux mêmes besoins? Nulle part.

« Pour que donc, toutes les conditions sociales soient affectées de la même manière et au même point, le produit des capitaux terre, maisons, usines, machines et argent devrait continuer d'être servi par les obligataires, mais au lieu de l'être aux mains des propriétaires, il le serait jusqu'à nouvel ordre, savoir : celui de la terre et de l'argent aux mains de l'Etat, et celui des maisons, usines et machines aux mains des communes, pour, l'Etat et les communes, en faire la répartition, savoir : l'Etat trimestriellement, à la population entière de la France, et les communes bi-mensuellement, à chacune sa population, répartition faite par l'Etat et les communes égalitairement, c'est-à-dire sans distinction ni d'âge, ni de sexe, ni de position sociale, par tête enfin :

3

« Voyons ce qui arriverait dans toute la France pour ce qui est de la répartition de la rente des terres.

« Les terres valaient en 1836 trois milliards cinq cents millions de rente (fermage). En cette année 1869, elles ont bien acquis une plus-value de 1/3 ou treize cents millions. Rentes actuelles donc : quatre milliards huit cents millions de francs qui, répartis égalitairement donneraient 625 francs par famille moyenne de cinq personnes pour toute la France. Voilà déjà suffisamment avec quoi sauver les populations de la misère.

« Maintenant, pour ce qui est de la rente (loyer) des maisons, usines et machines, voyons ce qui arriverait à Paris, par exemple.

« Le Paris de 1836 donnait à ses propriétaires, au dire d'un travail cadastral de ce temps-là, trois cents millions de rente. Le Paris d'aujourd'hui s'est agrandi et a doublé presque le prix de ses loyers de 1836; c'est donc six cents millions de rente, au moins, qu'il donne actuellement : ce serait donc pour la population parisienne qui s'élève actuellement à deux millions presque, 300 francs par tête, ou 1,200 francs par famille moyenne (de quatre personnes à Paris), que cette population aurait à toucher dans le courant d'une année, et ce, indépendamment des 125 francs par tête provenant de la répartition de la rente des terres. En tout 1,700 francs par famille moyenne à Paris.

« Ne serait-ce pas, par le fait de cette souverainement juste mesure appliquée, ne serait-ce pas toute préocupation, toute crainte de la misère disparue pour l'immense portion besoigneuse de la population? Comme elle payerait avec facilité et empressement nourriture, logement et entretien ! Comme le travail reprendrait vite partout ! »

Ces mesures ne se tiendront appliquées, avons-nous

dit, que jusqu'à nouvel ordre, c'est-à-dire jusqu'à ce que la société, au lieu d'être comme une pyramide assise par des efforts imaginables sur son sommet, soit difinitivement comme une pyramide assise sans plus de violence et d'une manière toute simple, toute naturelle, toute conforme aux plus vulgaires lois de la statique, assise donc sur sa base.

Un peu d'explication ici.

Avant 1789, la naissance seule tenait lieu de tout titre : elle menait à l'instruction, à la richesse, aux hauts emplois publics, aux dignités, aux honneurs. De 1789 à ce jour, la naissance toujours et la fortune à n'importe quel prix acquise, ont tenu lieu de tout titre pour mener aux mêmes fins. Il faut que dans quelques quinze ou vingt ans, par suite d'instruction et d'éducation réparties à la jeunesse d'une manière uniforme, générale et gratuite, un citoyen quelconque étant devenu l'équivalent de tout autre citoyen, les hauts emplois publics, s'il les recherche, lui soient accessibles, à moralité et spécialité de connaissances reconnues égales. D'ici là, il faut que la société se pose de manière à avoir ces principes appliqués au mieux de ce qu'il y aura d'élements à sa disposition.

Chemin faisant, dès que le travail national aura repris une activité à valoir, au moins, celle qu'il avait avant la crise révolutionnaire actuelle, la rente des capitaux maisons, usines, machines et argent, retournera aux mains des propriétaires, ou ayant-droit; mais la rente du sol, si jamais notre proposition arrive à se faire bien comprendre, la rente du sol (fermage) restera, elle, pour être indéfiniment versée aux mains de l'Etat, et indéfiniment répartie par lui, trimestriellement, à la population entière de la France, répartition faite comme il a déjà été dit ci-dessus. Nos raisons, pour avoir à nous prononcer de la sorte, quelles sont-elles? Les voici telles que nous les avons déduites, il y a du temps, les voulant placer comme préface dans un Traité professionnel à éditer.

« Si les machines, à dater même des temps les plus reculés, n'ont jamais été, les unes ou les autres, sans surgir à l'esprit, sans s'effectuer, sans venir participer au travail plus ou moins forcé de l'homme, jamais non plus elles n'ont ainsi procédé, elles ne sont ainsi venues sans que ce ne fût à de longs intervalles. Il a fallu l'espace ou le laps de temps d'un nombre infini de siècles pour que, après l'invention et l'usage prolongé d'engins quelconques en bois, en os, en silex, et après l'invention encore du fer, pour que, successivement apparussent : la cognée du bûcheron, la pelle et la pioche du terrassier, la charrue et la herse du laboureur, le marteau et l'enclume du forgeron, la truelle du maçon, la scie et le rabot du menuisier, l'aiguille, le dé et les ciseaux du couturier et de la couturière, etc. Et encore, l'apparition de ces machines n'ayant lieu que dans une certaine mesure, c'est-à-dire leur effet n'étant que comme si l'ouvrier avait associé à ses deux mains quelques autres mains seulement en manière de secours ou de soulagement : le prix vénal d'ailleurs de presque toutes ces machines ne dépassant pas les facultés pécuniaires du plus pauvre des travailleurs ; l'apparition, voulons-nous dire, put avoir lieu sans inconvénient quelconque, eut lieu, au contraire, au profit et à la joie de chacun et de tous. Mais de notre temps, mais depuis une cinquantaine d'années, voilà que des machines nouvelles apparaissent et se jettent dans le domaine général du travail, s'y installant d'une manière on ne peut plus démesurée. C'est, dans le domaine du travail agricole, les machines à labourer, à semer, à faucher, à moissonner, à battre et *tutti quanti* ; c'est, dans le domaine du travail manufacturier, les machines à carder, à filer, à tisser, à fouler, à tondre et *tutti* ; c'est dans le domaine du travail industriel, les machines de toutes sortes, et entre autres, celles à coudre, machines qui, monstres pour la plupart et, pour la plupart, menées par des moyens-monstres, l'eau, le vent, la vapeur, l'air comprimé, le gaz dilaté, etc.; ici, là, partout, désormais, tiendront lieu, chacune de mille et mille mains. Ce ne sera plus en manière de soulagement, que nous sachions, ce sera bel et bien en manière d'absorption ou accaparement de travail, en manière de remplacement du travail à la main.

« Le travail à la main, tout, à peu près tout, remplacé par le travail à la mécanique.... Beaucoup d'individus font des vœux passionnés à cette fin, croyant fermement que l'homme sera enfin sauvé de l'antique malédiction, que l'homme pourra gagner son pain sans que jamais plus ce soit à la sueur de son front. Beaucoup d'autres individus appréhendent, au contraire, cette même fin, attendu, demandent-ils qu'il en soit fait la remarque, attendu que le prix vénal de toutes ou presque toutes les machines nouvelles en sera, de plus en plus, inabordable au simple ouvrier ; que ce sera l'homme aisé, fortuné déjà qui, seul, les pourra acheter et en tirera profit : premier pas ou engagement dès lors sur une mauvaise pente — laquelle? — Mon Dieu, disent-ils, la voici : En France, pour ne parler que de notre pays, six millions de familles sur sept et demi, à peu près, sont qui, pour tous moyens d'existence, n'ont autre chose que ce qu'elles obtiennent comme prix de leur travail. Ces six millions de familles réduites successivement à ne plus compter pour la production que dans la proportion des trois quarts, puis de la moitié, puis peut-être du quart, ne compteront plus successivement non plus pour la consommation que dans la proportion des trois quarts, puis de la moitié, puis peut-être du quart. De là d'autant moins encore de travail pour ces familles, d'autant moins, même, pour les anciennes et nouvelles machines;

de là, de longs et répétés chômages, une atonie générale du travail, une misère croissante. Oui! certifient-ils, voilà l'immanquable conséquence du fait de l'intronisation sans fin et sans frein des machines au profit exclusif des membres de la société passablement fortunés déjà. Quelques familles accumuleront des fortunes immenses et, par contre, des multitudes sans vêtement, sans pain, se tiendront à gémir sur des grabats, ou à courir par chemins, ici mendiant, là volant peut-être; partout, dans tous les cas, agonisant de besoin; c'est à trembler rien que d'y penser.

« Il est vrai que nous avons des gouvernements dont les chefs, issus qu'ils soient du droit populaire ou du droit divin, il n'importe, ne veulent plus avoir à trôner pour sauvegarder seulement des intérêts de haute classe, de caste ou de dynastie; vrai bien mieux encore que ces chefs ne veulent pas même s'en tenir à sauvegarder indistinctement les intérêts quelconques se démenant autour et au-dessous d'eux; que ce qui les préoccupe essentiellement, exclusivement pour ainsi dire, c'est de sauvegarder les intérêts de la classe la plus nombreuse et la plus pauvre. Au lieu de trembler, espérons donc! Nul doute que lesdits chefs, prévoyants autant qu'humains, ont aperçu les périls de la situation, et que, bien sûr, ils s'apprêtent à la surmonter : espérons.

« Il appert du reste dans ce sens quand nous voyons l'accueil qui est fait, les distinctions, les faveurs qui sont accordées aux Bright, aux Cobden, aux Michel Chevalier, aux Wolowski, etc., gens dits économistes, c'est-à-dire à avoir étudié spécialement et à connaître on ne peut mieux, par conséquent, non pas seulement comment se forment, se répartissent et se consomment, mais encore comment doivent se former, se répartir et se consommer les richesses sociales, cette dernière manière, au point de vue, bien entendu, de la vraie justice.

« Il appert, disons-nous, que les chefs de gouvernement ont hâte d'être éclairés, mais le seront-ils suffisamment, quand les économistes ci-dessus, s'arrêtent à
préconiser seulement l'association, la liberté du travail,
le libre échange. L'association, à ce qui n'a ni sou ni
maille, à ce qui ne peut inspirer de crédit, à ce qui ne
peut faire aucune avance, à ce qui n'est enfin que simple ouvrier, comme elle est possible! La liberté du travail, elle s'effectue aussi journellement; les petits capitaux le savent, eux que les gros, par la concurrence,
mangent, mangent. Le libre échange, il arrive et nous
nous en trouverons bien le jour où la société, en France,
se sera casée comme en cette Angleterre, deux ou trois
propriétaires du sol, deux ou trois grands industriels
ou commerçants, et tout le restant de la population parias. »

Des parias, ce restant; mais non! que répliqueront les
économistes ; c'est devenu tout un monde de fonctionnaires intelligents, instruits, point trop pressés de travail, et pourtant bien rémunérés, auxquels ont été
confiées la mise en mouvement et la direction des nouvelles machines. Impudents! Encore faudrait-il, pour
employer tout ce que vous appelez des fonctionnaires,
que vous eussiez trois ou quatre fois plus de machines
à mettre en mouvement et à diriger quand, au contraire,
vous en avez déjà moitié trop par rapport à une chose
essentielle, à l'écoulement des produits.

Pour quels pays et en échange de quels articles ferez-
vous produire dès aujourd'hui à vos nouvelles machines?
Vous savez que dans les pays suivants, savoir : l'Angleterre, la France, l'Autriche, la Prusse, les petits
États de l'Allemagne, la Hollande, la Belgique et la
Suisse, ces machines, de concurrence avec les travailleurs manuels, produisant un peu plus que pour les
besoins solvables de leur population, de manière à

répondre aux besoins solvables de populations étrangères nombrant ensemble 100,000,000 d'individus, et que, dans les pays suivants, savoir : l'Amérique, la Russie, la Suède, la Norwége, le Danemark, l'Italie, le Portugal, l'Espagne et la Turquie ces machines, de concurrence avec les travailleurs manuels produisent en moins que pour les besoins solvables de leur population, de manière à ne pouvoir répondre aux besoins solvables des 2/7 desdites populations, c'est-à-dire à une fraction se nombrant par 50,000,000 d'individus. C'est donc, dans les pays premiers énoncés, vos nouvelles machines produisant, de concurrence avec les travailleurs manuels, le double de ce qui est nécessaire pour répondre aux besoins solvables des populations se tenant dans les pays derniers énoncés. Admettant qu'au lieu du double, ce ne soit qu'une fois et demie, c'est toujours un écart de 25,000,000 existant entre les produits disponibles, d'une part, et les besoins solvables d'autre part : un stock, par conséquent, nécessitant six mois de chômage pour son écoulement.

Exagération! exagération! s'écrie-t-on. — Aujourd'hui cela peut le paraître, mais demain, non! Nous tenons nos yeux fixés sur les États-Unis particulièrement. Dans ce pays-là, ne voilà-t-il pas que des manufactures s'élèvent, se sont élevées, pyramidales comme jamais encore il ne s'en est élevé, comme jamais il ne s'en élèvera ni en France ni en Angleterre. Le coton, il est là sur place et en quantité. La mécanique le prend, le carde, le file, le tisse, le blanchit, le teint ou l'imprime, le coupe, le confectionne, en fait du linge de maison, du linge de corps, tout cela au même lieu, avec un seul et même moteur, la vapeur, et c'est par wagons en nombre infini que tout le long des chemins de fer, à des distances infinies, ces produits sont jetés à la consommation. Grâce à leur marine de commerce que suffit, seule, à faire prospérer, leur agriculture, les États-Unis iront partout, jusqu'en Australie, porter des blés à bon compte et rapporteront en échange des laines, de soies brutes qu'ils transformeront aussi suprêmement que leurs cotons. Des produits manufacturés de toute sorte, ils vous en apporteront bientôt, Européens, meilleur marché coûtant à Liverpool, au Havre, à Trieste, etc., chez vous tous enfin, que vos produits similaires eux-mêmes. Et c'était les États-Unis pourtant qui étaient votre plus important débouché.

O économistes! nous voulons bien ne plus vous traiter d'impudents, mais avouez que vous avez manqué énormément de perception, et, pour si peu qu'il vous soit venu de conviction dans notre sens, allez dire aux gouvernements dont, seuls, vous avez le privilége de tenir l'oreille, que par précaution du moins, ils se hâtent d'agrandir leurs workhouses, leurs maisons de détention ou de correction, leur Botany-Bay ou leur espèce de bagne; que, par précaution du moins, ils se hâtent de quintupler, décupler le nombre de leurs polimen, de leurs geôliers et de leur espèce de gardes chiourmes.

Mais nous qui, en ce coin-ci de l'Europe et à l'heure qu'il est, sommes en révolution, sommes avec un gouvernement supposé de notre choix et disposé, par conséquent, à suivre ou mettre à exécution nos idées, qu'allons-nous faire pour nous sauver des conséquences immanquables de l'introduction sans fin et sans frein des nouvelles machines, c'est-à-dire pour nous sauver du prolétariat aujourd'hui, et, demain, s'il n'y est fait obstacle, du paupérisme?

Voyons! Qu'est-ce qui a de tout temps réglé les rapports sociaux? La force. Qu'est-ce qui a de tout temps motivé les révolutions? L'usage sans cesse renouvelé et toujours immodéré de la force. Ainsi en a-t-il été chez nous et est-ce ce qui a fait éclater la révolution de 1789-93; ainsi est-ce ce qui a fait éclater celle actuelle.

En 1789-93 la révolution est venue affranchir le peuple du servage sous lequel il était tenu courbé et est venue replacer les principes d'égalité et de liberté dans le domaine du droit. La révolution de 1870 est venue, évidemment, pour affranchir le peuple du prolétariat qui s'était substitué au servage et du paupérisme qui s'était substitué au prolétariat : est venue évidemment, pour faire passer les principes d'égalité et de liberté du domaine exclusif du droit dans les domaines, à la fois, et du droit et des faits.

Qu'est-ce donc, qu'à cet effet, il faut faire ?

Allons-nous nous mettre, comme quelques-uns en ont eu la malheureuse idée, nous mettre à briser les nouvelles machines, croyant, par ce moyen, porter un suffisant remède au mal social. Oh ! gardons-nous d'un tel vandalisme ! Où s'arrêteraient d'ailleurs nos destructions, à supposer que dans un moment d'aberration on se prît à en entreprendre ? Il y a en même temps que les machines puissantes comme celles d'une usine Cail, il y a les machines passant de moindre en moindre puissance, ici l'une et là l'autre, s'amoindrissant, se dissimulant, se faisant petites comme, par exemple, la machine à coudre et qui n'en ont pas moins été produisant toutes, dans le milieu social supporté jusqu'à ce jour, de pernicieux effets. Puis, il y a ce qui ne paraît pas être des machines et ce qui n'en est pas moins pourtant, ce sont les établissements-monstres de nouveautés, de confections, d'ameublements, d'approvisionnements, etc. Allons-nous briser tout cela aussi ? Oh ! n'y pensons même pas ! C'est partout là un capital et, comme tel, on le retrouvera plus tard lorsqu'il sera question de faire peser quelque part le lourd toujours, et toujours nécessaire impôt.

Faut-il mettre en pratique, au sein d'une population de trente-huit millions d'habitants, l'une quelconque des formules économiques préconisées par diverses écoles à l'issue ou à partir de notre première révolution, celle, par exemple, des saint-simoniens : *De chacun suivant ses capacités; à chaque capacité suivant ses œuvres*. Là, l'Etat représenté par une ou deux individualités, est possesseur de toutes les richesses sociales, distribue à chacun des sociétaires une espèce et une quantité quelconques de travail en raison de spécialités et de capacités par lui seul appréciées, et répartit les produits du travail général proportionnellement aux efforts obtenus, et par lui seul toujours appréciés, de chaque sociétaire. Ce mécanisme gouvernemental, à le supposer réalisable, nous fait l'effet de n'en être pas moins très-compliqué. Nous ne nous en soucions point.

Faut-il se jeter dans le fouriérisme ? Là, la formule économique est : *A chacun suivant son travail, son talent et son capital.* Eh ! mon Dieu, il n'y a rien là que de bien ordinaire en fait d'organisation : c'est ce qui a existé jusqu'à ce jour plus les liens, les servitudes de l'association, plus l'État omniscient et omnipotent comme dans le saint-simonisme. Nous n'en voulons pas non plus.

Faut-il se jeter dans le communisme où la formule économique est : *De chacun suivant ses capacités; à chaque capacité suivant ses besoins.* Dans cette société, c'est l'État encore qui possède tout, l'État encore qui apprécie les capacités comme les besoins et, par contre, ce sont les capacités qui s'étudient à tromper l'État quant à ce qu'elles peuvent effectuer de travail et quant à ce dont elles peuvent avoir besoin. Produit général du travail annuel qui faiblit ici, qui diminue, qui disparaît. Ruine totale au bout de très-peu de temps pratique. Passons.

Faut-il se jeter dans la coopération, le mutualisme, la solidarité, ou autres associations du même genre, moyens précaires tous, et impraticables d'ailleurs, quand il s'agit de coordonner les intérêts de vingt, trente, quarante millions de coassociés.

Non, quelque séduisants que soient à la première vue la plupart de ces divers modes d'association, ils ne peuvent, croyons-nous, se faire accepter en raison des motifs ci-dessus, puis, parce que les éléments d'organisation, préparés comme ils l'ont été par l'ancienne ou ci-devant société, sont et demeureront longtemps hétérogènes. Ah! quand par le fait de l'instruction répartie d'une manière commune, générale, uniforme, gratuite et obligatoire nous aurons amené les facultés physiques, intellectuelles et même morales à s'équivaloir, quand un forgeron, pour nous exprimer comme Proudhon, se présentera avec toutes qualités pour être tout aussi bien ministre et même président dans l'État gouvernemental ou simplement administratif de ce moment à venir, oui! nous pourrons nous laisser aller, quelque puissante que soit devenue l'agglomération des coïntéressés, aller jusqu'à l'adoption du communisme, mais d'ici là, trois ou quatre générations auront à passer successivement, successivement s'y préparant, les premières empêchant de moins en moins, mais enfin empêchant, chacune sa suivante, d'arriver de plain-pied à l'équivalence des facultés, dernier terme recherché. D'ici là, d'ici à cent ou cent cinquante ans, peut-être, contentons-nous de jouir des conséquences de la revendication du sol au nom et pour le compte de tous.

Nous l'avons dit plus haut, les fermages continueront de se payer aux mains de l'État et dans les conditions des baux contractés. Ce sera une somme annuelle de 125 francs par tête, ou de 625 francs par famille moyenne de cinq personnes que la répartition de la somme totale en provenant donnera pour toute la France, et ce, indépendamment de tout travail; le salaire ou le prix de tout travail, travail aux champs, travail à la ville, restant à se faire payer en plus. Est-ce que, s'il est donné à chaque chef de famille de toucher autant de fois 125 francs que sa famille a de membres, est-ce que, au lieu d'aller offrir son travail au consommateur et le lui offrir de plus en plus à bas prix par suite de la concurrence et par crainte de mourir de faim lui et les siens, est-ce que ce ne sera pas, au contraire, le consommateur qui viendra lui demander son travail et le lui demander de plus en plus à haut prix, par le fait d'une concurrence inverse et de crainte, ou de mourir de faim, ou de n'être pas vêtu, entretenu, meublé, etc., lui et les siens.

Revendiquer la possession du sol au nom et pour le compte de tous! Et à quel titre demandera-t-on?

Frédéric Bastiat, l'économiste regretté de tous pour ce qu'il avait de conscience, a reconnu que les forces vives de la nature appartenaient bien à tout le monde. Les forces vives, c'est cette faculté de reproduction ou cette productivité du sol que l'homme n'a jamais créée, que son travail, selon qu'il a été ou bien ou mal entendu a, soit momentanément développée, soit momentanément annihilée.

J.-J. Rousseau en parlant du premier homme qui s'avisa d'enclore un terrain : « Que de crimes, de meurtres, de misères et d'horreurs n'eût point épargné au genre humain celui qui arrachant les pieux et comblant le fossé, eût crié à ses semblables : Gardez-vous d'écouter cet imposteur! Vous êtes perdus si vous oubliez que les fruits sont à tous et que la terre n'est à personne. »

Le titre sur lequel nous nous appuyons, nous, s'il est encore nécessaire d'en produire après ceux présentés par les deux grandes autorités ci-dessus, c'est que le sol est à considérer de la même manière que le travail manuel ou le capital-bras. De même que ce capital est la cause, l'origine, la source ou le père de tous les autres capitaux, de même le sol en le considérant comme instrument de travail est la cause, l'origine, la source ou le père de tous les autres instruments.

Parce que, donc, le sol a des forces vives qui lui sont inhérentes et qui appartiennent bien à tout le monde ; parce que le sol est le premier de tous les instruments de travail et celui d'où proviennent ou dont procèdent tous les autres ; parce que l'appropriation individuelle du sol a été et serait toujours une cause de misères, de crimes, de meurtres et d'horreurs parmi le genre humain, revendiquons-en la propriété d'une manière commune, impersonnelle, absolument et perpétuellement indivise.

Encore faudra-t-il que cette revendication, puisque revendication il y a, ne s'effectue que comme expropriation pour cause d'utilité publique et moyennant indemnité. — Soit ! mais que tout au moins il nous soit permis, à ce propos-là, de nous laisser aller à des réflexions. C'est un des coryphées du régime que nous subissions avant 1789-93 qui va, tout justement, nous en fournir le thème ou la matière.

L'historien, comte de Boulainvilliers, dit : « que la conquête des Gaules est le fondement de l'État français dans lequel nous vivons (il écrivait sous Louis XIV) ; que nous avons tous (les nobles) reçu là notre droit primordial ; que les conquérants, maîtres du pays, y établirent un gouvernement tout à fait à part de la race vaincue ; que cette race réduite en esclavage fut destinée à la culture des terres et à tous autres travaux ; que les Gaulois enfin sont sujets et que les Francks sont leurs seigneurs ou leurs maîtres. »

Qu'il le sache donc, lui le peuple, l'essentiel peuple, que son origine est tout à fait distincte ; qu'il est ou peut se considérer tout seul comme le vrai, le légitime enfant de la terre des Gaules ; que les Gaulois, ses ancêtres alors, vivant au sein de tribus éparses et sans rapports entre elles, sans solidarité, ont été attaqués il y a des siècles et, succombant sous le nombre, ont été pillés, volés, dépossédés de tout bien et, pour comble d'iniquité, arrachés tous à la liberté, dépersonnalisés, réduits à l'état d'esclaves. Qu'il sache que cet état les assimilant au bœuf, au cheval, à la brute, ses ancêtres ont eu à le supporter; toute la barbarie, toute la féodalité, tout l'absolutisme régnant et que, sous le nom de prolétariat, c'est, quoi qu'on eût fait il y a quatre-vingts ans pour le détruire, c'est toujours le même état qu'ont eu à supporter ses ancêtres, le même état qui existe et duquel, lui, l'essentiel peuple des Gaules, il souffre. Qu'il sache que son infériorité ou morale, ou intellectuelle à laquelle certains individus voudraient attribuer, en mentant à l'histoire, ledit état de prolétariat, n'en est, au contraire, que la désastreuse et criminelle conséquence.

Eh bien ! Et puis ? — Et puis ! Évidemment, pour employer ici les expressions et les idées d'un autre des susdits coryphées, d'un littérateur, ex-professeur d'histoire et ex-ministre : « Évidemment le jour est venu où le peuple ne trouvant dans l'ordre social ni protection ni justice, peut se saisir du droit de se protéger, de se faire justice lui-même par la force. » (GUIZOT, *Études sur Washington*). Une nouvelle fois il va le saisir ce droit, et rappelant 1789-93, cette autre fois où il l'a déjà fait peser, il ne dira pas toujours avec le même littérateur, ex-professeur d'histoire, ex-ministre « qu'à ce moment-là, la bataille livrée entre les deux peuples que contenait la France depuis treize siècles, un peuple vainqueur et un peuple vaincu, que cette bataille a été décisive. » Non ! en 1789-93 il n'y a eu qu'une pauvre et illusoire revendication de la personnalité humaine. Le peuple reconnu libre de droit, n'en est pas moins resté esclave ou serf de fait. Assujetti à des besoins, ce n'est

pas contre cette sujétion qu'il se récriera : que signifie-
rait la vie sans ses besoins ? Et assujetti, pour pouvoir
subvenir auxdits besoins, assujetti au travail, à la peine,
dame Nature le veut, soit donc aussi ! Mais que pour
pouvoir utiliser sa force, son courage, son intelligence,
ou que pour répondre à la nécessité de travailler, il se
mette à chercher autour de lui, où trouvera-t-il une
matière quelconque qui soit là disponible ? La terre,
cette matière mère, eux les conquérants, les envahis-
seurs, ils se la sont appropriée et, à lui le peuple, le pri-
mitif et légitime propriétaire, aujourd'hui comme depuis
treize cents ans, la jouissance de cette terre, toujours ils
la lui vendent. Voilà où était vraiment et où est toujours
le servage.

Ils la lui vendent cette jouissance, et qu'en résulte-t-il ?

Ils sont à cette heure au nombre de 3,500,000 à peu
près sur 38,000,000, un sur dix. Ils ne travaillent
oncques et, pour cela seulement qu'ils sont propriétaires, la moitié du revenu agricole leur revient annuellement comme intérêt de leurs propriétés affermées,
louées ou prêtées. A eux seuls alors la possibilité d'éco-
nomiser, d'accumuler, et ils ne s'en font faute ; ils accu-
mulent et s'approprient, après tout le sol, toutes les
maisons, puis toutes les machines et instruments de
travail, puis tout l'or, toutes les sueurs, tout le sang,
toute la vie des travailleurs, des neuf autres dixièmes de
la nation.

Eh bien ?

Eh bien ! le peuple sent, le peuple peut, le peuple
veut :

Non pas précisément que la propriété du sol de l'ancienne Gaule, de la France lui fasse gratuitement
retour. Majeure partie d'elle n'a-t-elle pas été vendue
depuis le jour où elle fut volée, et sa valeur convertie
depuis en maisons, usines, machines ou instruments de
travail et argent ? Cette majeure partie n'est-elle pas

passée mille fois successive, depuis le jour où elle fut volée, passée aux mains d'acquéreurs sérieux, et ces acquéreurs ne peuvent-ils pas être, ne sont-ils pas issus, eux, laborieux et économes, issus du prolétariat, du servage même ? Non ! le peuple ne veut pas que la propriété du sol de la Gaule, de la France lui fasse gratuitement retour : il ne veut pas, tout en revendiquant son bien, voler, si peut que ce soit, voler ! Il va aviser tout à l'heure à cela.

Et précisément, parce que l'heure est venue de porter remède à tout ce qu'il y a encore d'abusif dans les faits sociaux, le peuple expropriera pour cause d'utilité publique et moyennant indemnité, en même temps que le sol de la République, les compagnies de chemins de fer, la Banque de France et les compagnies d'assurances. Il n'est pas à comprendre que, dans une République, l'État soit à soutenir, à prévilégier des entreprises quelconques. Ces entreprises sont avec des intérêts essentiellement distincts des intérêts généraux que représente l'État, et qui leur sont essentiellement opposés. Puis, c'est que dans ces entreprises se sont glissés et les hommes et leurs choses, c'est-à-dire les hauts capitalistes et leurs capitaux, trouvant le moyen, les premiers, de s'y faire attribuer les emplois le plus largement rétribués, et les autres, un placement plus que sûr. Hauts capitalistes et suprêmes administrateurs à la fois, on est dans ces entreprises comme dans les coulisses d'un théâtre; on tient les ficelles ; on joue à la hausse et à la baisse des actions de la société; on les fait baisser à sa volonté pour acheter; on les fait monter à sa volonté pour vendre. Non ! plus d'exploitation de chemins de fer par des sompagnies, plus de banque dite mal à propos de France.

Et s'il est des institutions qui puissent positivement garantir aux intéressés leurs capitaux, maisons, usines ou fabriques, machines, argent, titres de rentes, meubles, denrées ou marchandises contre les risques d'incendie, d'inondations, grêle, etc., quelle institution meilleure y aurait-il, qu'une institution placée aux mains de l'État, cet État étant républicain ?

Les valeurs donc, savoir :

Du sol, du sous-sol et des eaux de la République, d'une part ;

Des immeubles, du matériel et du privilége des compagnies de chemins de fer, d'autre part ;

Et du privilége de la Banque dite de France, encore d'autre part,

Seront contradictoirement débattues et fixées pour être le montant de chacune inscrit au grand-livre de la dette publique, et être l'intérêt de chaque dette servi trimestriellement aux ayant droit quelconques jusqu'à parfait acquittement ou remboursement desdites dettes.

Le montant de ces nouvelles dettes peut être évalué approximativement à 140 milliards qui, ajoutés aux 10 milliards de dettes contractées par divers gouvernements antérieurs, par le dernier de ces gouvernements surtout, formeront un total de 150 milliards. Il faudra pour le service annuel de cette dette totale une somme de 7 milliards 500 millions qui, jointe à une autre somme de 3 milliards 500 millions pour le service annuel du budget, formera un total de 11 milliards à se procurer au moyen d'une seule espèce d'impôt, un impôt sur le revenu soit du travail national, soit des capitaux maisons, usines, fabriques, machines, créances d'Etat et argent.

Avant de déterminer les formes ou conditions de cet impôt, n'est-il pas à propos de faire connaître quelle en aurait été l'assiette pour l'année 1870, et quelle pourra en être l'assiette pour l'année 1871.

Pour l'année 1870, le revenu national annuel, si la

guerre n'était intervenue bouleversant tout, aurait pu
s'élever, savoir : à

Sol, sous-sol et eaux de la République		4,500,000,000
Maisons, usines, fabriques		1,500,000,000
Machines sur chemins de fer, bateaux		
à vapeur, etc.		750,000,000
Créances d'État et de Communes. . . .		550,000,000
Argent.		300,000,000
Familles de Travailleurs { manuels	4,800,000	2,880,000,000
manuels et intellectuels	1,920,000	2,880,000,000
intellectuels	480,000	2,380,000,000
budgetivores.	300,000	1,760,000,000
		18,000,000,000

Pour l'année 1871, le revenu national annuel, la paix
intervenant et notre motion étant accueillie, pourra
s'élever à, savoir :

Sol, sous-sol et eaux de la République		4,500,000,000
Maisons, usines, fabriques		1,500,000,000
Machines sur chemins de fer, bateaux		
à vapeur, etc. . . . :		750,000,000
Créances de l'État et des Communes. .		7,600,000,000
Argent.		300,000,000
Familles de Travailleurs { manuels	4,800,000	5,040,000,000
manuels et intellectuels	1,920,000	4,320,000,000
intellectuels . . . . , .	480,000	3,600,000,000
budgetivores.	300,000	1,890,000,000
		29,500,000,000

Revenus de 1870 18 milliards, revenus de 1871
29 milliards 500 millions ! Voilà des chiffres accumulés
dans des proportions colossales à causer plus que des
vertiges, à causer des stupeurs. Comment oser aborder,

envisager cela, des milliards par vingtaine et par tren-
taine comme revenu national annuel! des milliards par
trois cent soixante et par cinq cent quatre-vingt-dix
comme capital national, son revenu étant supposé, vrai-
semblablement, en représenter le vingtième! Pour si
peu, cependant, qu'on soit habitué à lire les statistiques,
toutes les données relatives à l'année 1870 sont vraies.
Vrai il est que le travail aux champs aurait donné pour
8 milliards de produits agricoles et 1 milliard de produits
industriels ; que le travail à la ville aurait donné pour
3 milliards de produits industriels et commerciaux ; que
les loyers des maisons, usines et fabriques auraient
donné 1 milliard 500 millions ; que les transports par
chemins de fer, par bateaux à vapeur, par navires à
voiles auraient donné 750 millions ; que les créances de
l'État et des communes donneront 550 millions ; que
l'argent des Banque de France et autres, des prêts
hypothécaires, etc., auraient donné 400 millions; que
gouvernement, administration, magistrature , clergé,
instruction et armée nous auraient coûté 1 milliard
760 millions. Reste donc, pour représenter ce qu'aurait
valu le travail national soit manuel, soit manuel et intellectuel, soit intellectuel, 8 milliards 640 millions qui,
divisés par 7,200,000 familles auraient donné à chacune
d'elles 1,200 francs en moyenne, ou si l'on veut, donné
à 100,000 familles 300 francs minimum et à 100 familles
300,000 francs maximum comme valeur, à chacune, de
son travail annuel et manuel-là, annuel et intellectuel
ici. Hypothèses, ces dernières données, dira-t-on! Sans
aucun doute, répondrons-nous, mais hypothèses qui
n'ont rien d'exagéré, on sera forcé de le reconnaître.

Maintenant, ce qui différencie l'année 1871 de sa précédente, ce seront, notre motion étant accueillie toutefois, les 7 milliards 500 millions dont l'État se sera fait
le débiteur annuel au vis-à-vis des ex-propriétaires du
sol, du sous-sol et des eaux de la République ; au vis-

à-vis des ex-compagnies de chemins de fer ; au vis-à-vis de l'ex-banque de France et des ex-compagnies d'assurances ; ce seront les augmentations de salaires ou de rémunérations qui, par un effet inverse de celui existant ci-devant (*le travail demandé désormais par le consommateur au lieu d'être, comme il l'a été jusqu'à ce jour, offert par le protecteur*) s'en iront, pour ce qui est du travail manuel, comme de un à un trois quarts ; pour ce qui est du travail manuel et intellectuel, comme de un à un et demi, et pour ce qui est du travail intellectuel, comme de un à un et quart. Dans ce cas-là, voilà donc les familles au salaire minimum, dit ci-dessus, qui le verront passer de 300 francs a 525. Joignant à cette somme celle de 625 francs, part afférente à chaque famille moyenne de cinq personnes dans la répartition de la somme provenant du fermage du sol, du sous-sol et des eaux de la République : ce sera donc 1,150 francs de revenu annuel, desquels 1,150 francs diminuant 105 francs de contributions, suivant le mode d'impôt qui sera exposé plus tard, resteront 1,045 francs, ou trois fois et demie plus de moyens d'existence pour ces familles que de tous temps jusqu'à ce jour. Plus de misère nulle part, alors ! Plus de désespoir menant à la morgue, ou de mauvaises inspirations menant à la prison, menant au bagne.

L'impôt à prélever sera essentiellement progressif, c'est-à-dire saisira faiblement les petits revenus et fortement les grands ; saisira les petits revenus à raison de 5 pour 100 ou 5 francs pour 100 francs, par exemple ; les moyens revenus à raison de 25 pour 100 ou 480 francs pour 1,980 francs, à raison de 50 pour 100 ou 30,720 fr. pour 61,440 francs, et les grands revenus à raison de 75 pour 100 ou 1,474,560 francs pour 1,966,180 francs.

— Et pourquoi cette forme ou ce mode de perception ? S'agira-t-il donc de procéder ainsi pour cela seul que les sociétés monarchiques ont procédé jusqu'au jour où elles ont chu, ont procédé de la sorte? — Ce pourrait être une raison suffisante en effet. Comment! Pour ne citer qu'un fait, le capitaliste ayant un château de Ferrières par là quelque part, à la campagne, pouvant sans être astreint à aucun droit d'octroi, y accumuler force victuaille et se gorger là du matin au soir, de mars à novembre, si ce n'était toute l'année, tandis qu'à Paris l'ouvrier cloué là par ses occupations et obligé pour entretenir ou réparer là ses forces archiexploitées par le travail, ne pouvait se substanter de vin que moyennant 50 pour 100 de droit d'octroi payé par ce vin pour pouvoir lui être servi! Et encore, quel vin buvait-il? Cette exorbitance du fisc laissait une marge large à la sophistication, large assez pour qu'il n'y eût, en guise de vin, que des provenances de campêche à boire, moitié fois des occasions. Oui! la représaille pourrait être, à elle seule, une suffisante raison, car toujours et toujours, jusqu'à ce jour, les sociétés monarchiennes, en procédant de la sorte, en faisant contribuer les citoyens aux charges de l'État en raison inverse de leur fortune, ont forcé à cette monstruosité, savoir : que le citoyen déjà pauvre est devenu plus pauvre, et que le citoyen riche est devenu plus riche.

Mais des raisons plus entraînantes encore sont, qu'il importe de tenir compte de la judicieuse recommandation de J.-J. Rousseau qui a dit : « Voulez-vous donner de la consistance à l'État, rapprochez les degrés extrêmes autant que possible ; ne souffrez ni les gens opulents ni les gueux ; ces deux conditions naturellement inséparables, sont également funestes à la société : de l'une sortent les tyrans, de l'autre sortent les soutiens de la tyrannie. » Et de cette autre recommandation encore du même philosophe, savoir : « Que c'est une des plus importantes affaires du gouvernement de prévenir l'extrême inégalité des richesses, non en enlevant les trésors à ceux qui les possédent, mais en ôtant à tous les moyens d'en acquérir; non en bâtissant des hôpitaux pour les pauvres, mais en garantissant les citoyens de devenir pauvres. »

Puis, que les grands capitalistes, s'il en est parmi eux qui n'y aient pas pris garde, le sachent et ne l'oublient pas, c'est leur position tout particulièrement favorisée par la société, par eux-mêmes, faut le dire, dans cette outrecuidante société, qui a suscité des besoins de plus en plus pressants partout autre part que chez eux, c'est-à-dire tout autour d'eux et surtout suscité des convoitises. C'est pour empêcher de trop crier ces besoins ; c'est surtout pour contenir ces convoitises, pour sauvegarder enfin leurs excessifs priviléges qu'ont été imaginés des moyens de gouvernement qui partant du trône et de l'autel, et passant par un agencement où figurent policiers, gendarmes, geôliers et magistrats; où figurent prêches, homélies, confessions et inquisitions, aboutissent au bagne, au gibet, à la guillotine. Vous avez eu, vous avez encore besoin de ces moyens de gouvernement, n'est-ce pas, grands capitalistes? Eh bien! payez-les désormais vous seuls, ou presque seuls, et plus vous êtes riches, plus que dix fois, cent fois, mille fois, proportionnellement, payez-les!

L'impôt donc à prélever pour subvenir soit au service des intérêts de la dette de l'État, soit au service des dépenses publiques, s'effectuera d'une manière progressive comme celle qui suit :

REVENU imposable	TAUX 0/0	REVENUS imposables	TAUX 0/0	REVENUS imposables	TAUX 0/0
120	5	3.840	30	122.880	55
140	6	4.480	31	143.360	56
160	7	5.120	32	163.840	57
180	8	5.760	33	184.320	58
200	9	6.400	34	204.800	59
240	10	7.880	35	245.760	60
280	11	8.960	36	286.720	61
320	12	10.240	37	327.680	62
360	13	11.520	38	368.640	63
400	14	12.800	39	409.600	64
480	15	15.360	40	491.520	65
560	16	17.920	41	573.440	66
640	17	20.480	42	655.360	67
720	18	23.040	43	737.280	68
800	19	25.600	44	819.200	69
960	20	30.720	45	983.040	70
1.120	21	35.840	46	1.146.880	71
1.280	22	40.960	47	1.310.720	72
1.440	23	46.080	48	1.474.560	73
1.600	24	51.200	49	1.638.400	74
1.920	25	61.440	50	1.966.080	75
2.240	26	71.680	51	2.293.760	76
2.560	27	81.920	52	2.621.440	77
2.880	28	92.160	53	2.949.120	78
3.200	29	102.400	54	3.276.800	79

C'est le contribuable lui-même qui déclarera à raison de quel revenu effectué chaque précédente année, il est imposable pour l'année commençant. Mais s'il s'écarte de la vérité en faisant sa déclaration, il sera passible, après évidente constatation pour laquelle l'autorité se réserve tous moyens, passible d'une peine pécuniaire décuple du tort qu'il aura essayé de faire aux intérêts publics.

Ici disons ce que nous voudrions voir s'effectuer, c'est que le peuple encore une fois rendu à sa souveraineté, mais toujours mutilé, décrétât, pour prix de son sang, que ses éternels et cruels ennemis viennent encore de lui faire verser ; pour ce prix, disons-nous, et comme mesure d'ailleurs, comme mesure urgente, impérieuse de salut public, décrétât positivement ce qui suit :

Article premier. — Auront leurs biens, meubles, où qu'ils soient situés, confisqués sans retour et seront de leur personne appréhendés, où qu'ils se soient réfugiés, pour être de là immédiatement déportés, les fauteurs de toutes nos révolutions, les Bonapartes, les d'Orléans, le Chambord.

Art. 2. — Auront leurs biens, meubles et immeubles, où qu'ils soient situés, confisqués sans retour et seront privés à toujours de leur part de souveraineté, de leurs droits civiques les complices principaux des fauteurs de révolutions dits ci-dessus, ces complices, savoir :

. . . .

Art. 3. — Pourront avoir leurs biens meubles et immeubles confisqués sans retour et seront privés de leur part de souveraineté, de leurs droits civiques pendant plus ou moins de temps, selon ce qu'en décideront des commissions locales nommées à cet effet, les complices en sous-ordre, en deuxième, troisième ou quatrième ordre, des fauteurs de révolutions dits ci-dessus.

Si le peuple, sous peine de se suicider, doit tenir la main à ce que ce qu'il aura décrété aux articles Ier et 2 ci-dessus, soit rigoureusement exécuté, les commissions locales laissées libres dans leurs décisions à prendre vis-à-vis des complices en sous-ordre, en deuxième, troisième ou quatrième ordre des fauteurs de révolutions ci-dessus, n'oublieront point d'attribuer une large part des crimes commis par les complices en question, une large part, de ces crimes, disons-nous, au milieu social dans lequel lesdits complices auront été élevés.

Sur quoi nous étendrions-nous maintenant qui tînt essentiellement à la question économique et financière, si ce n'était pas sur les conséquences de cette invasion des Prussiens que voilà à cette heure pas plus loin que la portée de canon des forts comme de l'enceinte de Paris ; que voilà là après avoir, non pas seulement écrasé nos armées que le Bonaparte avait menées au combat dans un inégal état de force ou de moyens de lutte, mais encore après avoir réquisitionné, volé, pillé, incendié sur son passage le quart de nos départements ; après avoir violé les femmes et les filles, avoir tué, massacré les fils, les frères, les père et mère de nos infortunés concitoyens. Oh ! infamie du Prussien. Oh ! rage de nous tous ! Oh ! vengeance qui ne pourra jamais ni s'étendre assez loin, ni s'assouvir jamais.

Ils disent, les Tamerlan de cette tourbe, les Guillaume et les Bismarck, que contre notre manie de la guerre et des conquêtes et pour la tranquillité de l'Allemagne, ils ont été réduits à venir prendre, et qu'ils sont venus positivement pour prendre des gages.

Les gueux ! les gueux !

Voilà tout au plus un siècle de cela que cette bête de proie, la Prusse, qui précisément nous accuse, a surgi comme puissance de dernier ordre et, d'annexions en annexions, de rapines en rapines, de brigandages en brigandages, la voilà aujourd'hui maîtresse absolue de plus de quarante millions d'hommes, la voilà passée, cela à la stupéfaction et à la honte de tous les autres peuples, de tous les autres gouvernements, passée première et principale puissance européenne.

Et c'est elle qui nous accuse d'avoir la manie des conquêtes ?

C'est vrai que nous avons eu l'ignoble gouvernement dernier qui a eu l'idée et a essayé de procéder dans ce sens. Ainsi s'est-il donné le comté de Nice et Savoie ; ainsi voulait-il se donner le Luxembourg ; ainsi voulait-il se donner la Belgique. Mais est-ce que la Prusse a pu jamais confondre le gouvernement de la France en ce moment-là et la France ? Est-ce que tout n'était pas évidemment pour elle conme pour tout le monde, évidemment frelaté dans ce gouvernement : frelaté le chef, frelaté le Sénat, frelatée la Chambre, frelatées les administrations, la magistrature, le clergé, l'armée, tout, tout ? Et est-ce que tout cela formait le pays? Est-ce qu'il n'y avait pas une opposition, sinon numériquement, du moins moralement grande dans la Chambre des députés et dans les journaux, une opposition qui valait par son autorité, sur la conscience des gens éclairés et justes et qui abominait l'idée de conquête, l'idée de guerre, et qui ne prêchait que la paix universelle, le travail, l'ordre, l'union, l'harmonie tout aussi bien entre les peuples qu'entre les citoyens de chaque peuple.

Gouvernement royal prussien à gouvernement impérial français, tous deux vous étiez des gueux et vous vous êtes fait la guerre comme des gueux sur le dos de chacun, votre malheureux peuple. Le gouvernement impérial français est tombé, lui. Vous, gouvernement royal prussien, l'avez-vous vaincu? Non! Mais vous l'avez amené à s'effondrer dans la boue. Ne deviez-vous donc pas être, comme nous, assez content de cet avilissement du dernier des Bonapartes! Contents, vous, oh non! le bonapartiste avili a tombé, c'est la République qui a surgi à sa place, et la République comme forme de gouvernement, vous exécrez cela autant, si ce n'est pas davantage. Sus donc à la République, et vous êtes là, sous Paris, accourus à travers ruines, à travers sang, à travers toutes sortes d'abominations. Il vous faut tuer la République, et, pour la tuer, vous ne voulez rien moins que prendre Paris, Metz, Strasbourg, Toul, Mézières, Montmédy; non, ce n'est pas, ou ce ne serait pas encore assez de tout cela pour arriver à vos fins, c'est Paris que vous appétez, il vous faut Paris.

Paris! mais vous arracherez plutôt l'âme au dernier des hommes, l'âme à la dernière des femmes qui l'habitent, l'âme au dernier de ses défenseurs. Paris! mais ni avec les hommes ni avec les choses! Le Paris scientifique, artistique et monumental, tout périra; une ruine plutôt, une ruine universelle!

Mais, que disons-nous? Oh non! Prussien, il n'y aura rien de ces ruines, de ce cataclysme. Avec cette soif, cette rage de vengeance qui nous tient, le cœur bat à rompre la poitrine et nous allons avoir du fer. Tu partiras Prussien, tu partiras! Tu retourneras, bête de proie, dans sa tanière; si toutefois tu ne laisses pas ici tes os, et avec ton Guillaume ou ton Fritz, toi une fois, si non détruit, du moins une fois chassé, de suite nous réglerons nos comptes.

Nos comptes à régler, pour que, dès aujourd'hui, tu t'y prépares, si tu veux, les voici :

Pendant cinq ou six mois de guerre par toi traîtreusement suscitée, notre revenu national annuel a été affecté directement dans les contrées envahies par toi, et indirectement dans toutes les autres pour au moins un quart de sa valeur, c'est-à-dire 4 milliards. Compte pour cela l'importance des transactions commerciales ou industrielles suspendues, les crédits affectés, le travail manuel presque partout annihilé, détruit; compte l'énormité des réquisitions frappées par toi dans l'Est, le Nord et l'Ouest de notre territoire; compte les moissons perdues, les bestiaux, les fourrages, les denrées volés!... Et notre capital national qui a été affecté dans ton attaque ou notre défense pour plus d'un vingtième de sa valeur, c'est-à-dire de 9 milliards. Compte pour cela, dans nos départements envahis ou menacés dans Strasbourg, Toul, Châteaudun, Metz, Paris, Mézières, Montmédy, etc., ce que tu as, ou auras incendié de cathédrales, de musées, de bibliothèques, de palais nationaux, d'établissements publics ou privés, ce que tu auras détruit ou fait détruire de gares, de ponts, de viaducs, de tunnels, de routes, de chemins de fer; ce que tu auras incendié ou détruit, fait incendier ou détruire de bois, de forêts, de châteaux, de fermes, et surtout de chaumières!

Ajoute à tout cela la rançon impossible à payer son prix, la rançon de tes viols et de tes assassinats, la rançon de nos morts de Reischoffen.

Pour nous indemniser au millième tout au plus de tout cela, Prussien, voici ce que le peuple, ici et dès ce jour, sur notre motion approuvée, applaudie, décrète :

Article premier. — Auront leurs biens, meubles et immeubles, où qu'ils soient situés, confisqués sans retour et seront de leur personne, où qu'ils se soient réfugiés, appréhendés pour être immédiatement déportés, le brigand, l'assassin, l'incendiaire, le monstre Guillaume de Prusse et les complices de ce monstre, son fils, son frère, son neveu, son Bismarck, son de Moltke, son de Roon.

Art. 2. — Sera la Prusse, proprement dite, assujettie au payement d'une contribution de guerre de 2 milliards et seront les autres populations ses coalisées passibles ensemble d'une contribution de guerre de 2 milliards également.

Art. 3. — Sera le duché de Posen exempt de toute contribution de guerre, entraîné qu'il a été contre nous à l'encontre de ses évidentes sympathies pour la France.

Art. 4. — La Prusse et toutes les autres populations, ses alliées volontaires, auront à nous livrer tout leur matériel de guerre.

Art. 5. — La Prusse restituera aux peuples du Hanovre leur autonomie ; se détachera politiquement des royaumes de Bavière, de Wurtemberg, de Saxe, des duchés de Bade, de Nassau, de Hesse, etc.; restituera ou cédera au Danemark jusques et y compris Hambourg, Lauenbourg et le grand-duché de Mecklembourg ; cédera à la Hollande la partie de la Prusse rhénane limitée par le Rhin, rive droite, et le chemin de fer neutralisé qui mène de Cologne à Aix-la-Chapelle, villes également neutralisées ; tous ces pays sous le bon plaisir, pourtant, de leurs populations préalablement consultées.

Art. 6. — La partie restante de la Prusse rhénane, la Bavière rhénane et le Luxembourg se constitueront en République fédérative, si mieux elles n'aiment s'adjoindre à la République française.

Et c'est là tout, Prussien, pour le quart d'heure !

Pour achever enfin, de jeter ici nos idées, nous demanderons que les fonds provenant, soit de la vente des biens meubles et immeubles confisqués en France, en Allemagne ou autre part, soit des contributions de guerre, on les distribue aux familles pauvres dont les chefs, mari et femme, ou l'un des chefs, auront été victimes, auront péri du fait de la guerre actuelle. Supposant un capital de 10,000 francs à constituer pour chaque famille privée de son chef principal et restant constituée à 4 membres, en moyenne, ce seront 40,000 familles, ou 160,000 individus, au moins, sauvés d'une misère immanquable, et certes pas méritée.

FIN

PARIS.— IMPRIMERIE NOUVELLE (ASSOCIATION OUVRIÈRE)
rue des Jeuneurs, 14. — G. Masquin et C°.

www.ingramcontent.com/pod-product-compliance
Lightning Source LLC
Chambersburg PA
CBHW061314050726
47594CB00004B/1700